MAGASIN THÉATRAL

PIÈCES NOUVELLES

JOUÉES SUR TOUS LES THÉATRES DE PARIS

THÉATRE DU PALAIS-ROYAL

COLOMBE ET PINSON

VAUDEVILLE EN UN ACTE

PAR M. PAULIN DESLANDES

PARIS.
BARBRÉ, ÉDITEUR, BOULEVARD SAINT-MARTIN, 12.
1861

MAGASIN THÉATRAL.

PIÈCES A 60 CENTIMES.

Alchimiste (l'), d. 5 a. A. Dumas.
Ami Grandet (l'), c.-v. 3 a.
Amours de Psyché (les), p.f. 3 a.
Amours d'une Rose, (les) v. 3 a.
Ango, drame en 5 actes.
Apprenti (l'), v. en 1 a.
Armée de Sambre et Meuse, (l') 4 actes.
Ame transmise (l') 5 actes.
A qui mal veut mal arrive, 1 a.
Absents ont raison (les), 2 actes.
Ange et démon, 1 acte.
Atar-Gull, drame en 5 actes.
Auberge de la Madone (l') d. 5 a.
Aumônier du régiment (l'), 1 a.
Aven. de Télémaque (les), v 3 a.
Aveugle et son bâton (l'), v. 1 a.
Avoués en vacances (les), 2 a.
Badigeon Ier, vau. en 2 actes.
Barrière de Clichy (la), 5 actes.
Baiser de l'étrier, 1 acte
Bride sur le cou (la), 1 acte.
Boudjoli, 1 acte.
Bonaparte ou les premières pages d'une grande histoire.
Belle Limonadière (la), c.-v. 3 a.
Blanche et Blanchette, d.-v. 5 a.
Bonaparte, drame milit. en 5 a.
Bergère d'Ivry (la), d.-vau. 5 a.
Berline de l'Émigré (la), d. 5 a.
Brigands de la Loire (les), d. 5 a.
Bicheau Bois (la), féerie, 18 tab.
Brelan de Troupiers (le), v. 1 a.
Boquillon, dr. 3 actes.
Benoît ou les deux cousins.
Bianca Cantarini, drame 5 actes.
Cabaret de Lustucru (le), v. 1 a.
Cachemire Vert (le), 1 a. A. Dumas
Cas de Conscience (un), c. 3 a.
Cheval de Bronze (le), op. c. 3 a
Cheval du Diable (le), dra. 5 a.
Châle Bleu (le), com. 2 actes.
Charlot, comédie en 3 actes.
Claude Stock, dra. en 4 actes.
Chauffeurs (les), drame en 5 a.
Château de Verneuil (le) d. 5 a.
Château de St-Germain (le), 5 a.
Chef-d'œuvre inconnu (le), 1 a.
Chiens du mont St-Bernard (les) drame en 5 actes.
Cromwell et Charles Ier, 5 a.
Caligula, tra. 5 a. A. Dumas.
Calomnie (la), com. 5 actes.
Chambre ardente (la), 5 actes.
Christine à Fontainebleau, dra.
Canal St-Martin (le), dra. 5 a.
Chevaux du Carrousel (les), 5
Chevalier de St-Georges (le), 3a.
Chevalier du Guet (le), c. 3 a.
Christophe le Suédois, d 5 a.
Colombe et Perdreau, idy. 3a.
Commis et la Grisette (le), vaud. en 1 acte.

Compagnons (les), ou la Mansarde de la Cité, drame en 5 actes.
Chevalier d'Harmental (le), dra. 5 a. Alex. Dumas et Maquet.
Conscrit de l'an VIII (le), c. 2 a.
Connétable de Bourbon (le), d. 5 a.
Chercheurs d'Or (les), dra. a.
Camille Desmoulins, dra. a.
Chevaliers du Lansquenet (les) drame en 5 actes
Cravate et Jabot, com.-vau. 1 a.
Croix de Malte (la), drame 3 a.
Chute des feuilles (la), pro. 1 a.
Comte de Mansfield, dr. 4 actes.
Chevau-légers de la reine, 3 a.
Corde de pendu.
Chasse au chastre (la) 5 actes
Contre fortune bon cœur, 1 acte
Circassienne (la), 1 acte.
Course au plaisir (la), 1 acte.
Chanvrière (la) 3 actes.
Chat de Cendrillon (le) 3 actes.
Camille Desmoulins, monologue.
Chatterton mourant, monologue.
Deux Anges, c.-v. 3 actes.
Deux Amoureux de la grand'-mère (les), 1 acte.
Diable (le), drame 5 actes.
Dame aux gobeas (la), 3 actes.
Dragons de la Reine (les), 1 act.
Dame aux trois maris (la), 1 act.
Dans les nuages, 1 acte.
Dame de Framboisy (la)
Dernière nuit d'André Chénier, (la), monologue.
Discrétion (une), com. 1 a.
Deux Serruriers (les) d. 5 a.
Demoiselles de Saint-Cyr (les). drame 5 actes, A. Dumas.
Deux Divorces (les), v. 1 a.
Demoiselle majeure (la), v. 1 a.
Domestique pour tout faire.
Dot de Suzette (la), d. 5 a.
Doigt de Dieu (le), dra. 1 a.
Don Juan de Marana. A Dumas.
Diane de Chivry, drame, 5 a.
Élève de Saint-Cyr (l'), d. 5 a.
En pénitence.
Éclat de rire (l'), dra. 3 a.
École Buissonnière (l'), c.-v.
École du monde, 5 actes.
Éléphants de la Pagode (les).
Emma, comédie en 3 actes.
Empire (l'), 3 actes et 18 tabl.
Enfants d'Édouard (les), 5 a.
Enfants du Délire (les), v. 1 a.
Enragés (les), 1 acte.
Entre deux Cornuchets, 1 acte.
English spoken, 1 acte.
Estelle, com. par Scribe, 1 acte.
Etre aimé ou mourir, com. 1 a.
Eulalie Granger, drame 5 actes.
En Sibérie, drame en 3 actes.

Entre l'enclume et le marteau.
Étoiles (les), vaudeville 5 actes.
Expiation (une), drame 4 actes.
Faction de M. le Curé (la), v. 1 a.
Famille du Mari (la), com. 3 a.
Frères corses (les) dra. 3 actes.
Famille Moronval (la), dra. 5 a.
Famille du Fumiste (la), v. 2 a.
Fargeau le Nourrisseur, v. 2. a.
Fille à Nicolas (la), c.-v. 3 a.
Fille de l'Avare (la), c.-v. 2 a.
Fille de l'Air (la), féerie en 3 a.
Fille du régiment (la), op. c. 3 a.
Fille de Frétillon (la), vaud. 2 a.
Frères corses (les), 5 actes.
Femme de ménage (la), 1 acte.
Fourberies d'Arlequin, 1 acte.
Filets de Saint-Cloud (les) d. 5 a.
François Jaffier, dr en 5 actes.
Frétillon, com.-vaud. en 3 actes.
Fiole de Cagliostro (la), v. 1 a.
Folle de Waterloo (la) d.-v. 2 a.
Forte-Spada, drame en 5 actes.
Fabio le Novice, dr. en 5 actes.
Fils de la Folle (le), dr. en 5 a par F. Soulié.
Fils d'une grande Dame (le), 2 a.
Fille du Régent (la), A. Dumas.
Ferme de Montmirail (la).
Garçon de recette (le), d. en 5 a
Gars (le), drame en 5 actes.
Gaspard Hauser, dr. en 5 actes.
Grand'Mère (la), 3 actes, Scribe
Geneviève de Brabant, mélod.
Gazette des Tribunaux (la), v. 1 a.
Gothon de Bérenger (la).
Guerre de l'indépendance (la).
Guerre des Femmes.
Halifax, com. par Alex. Dumas.
Henri le Lion, drame en 5 act.
Homme du Monde (l').
Honneur dans le crime (l'), 5 a.
Honneur de ma mère (l'), 5 a.
Indiana et Charlemagne, 1 acte.
Indiana, drame en 5 actes.
Ile d'amour (l'). c.-v. 3 actes.
Il faut que jeunesse se passe.
Impressions de voyage (les).
Il y a plus d'un âne à la foire, 1 a.
Japhet à la recherche d'un père.
Jacques le Corsaire, dr. 5 actes
Jacques Cœur, drame en 5 actes.
Jarvis l'honnête homme, d. 5 a.
Jeanne d'Arc en prison, monolo.
Jeanne de Flandre, d. en 5 a
Jeanne de Naples, *idem*.
Jeanne Hachette, dr. en 5 actes.
Je serai comédien, com. 1 act.
Juive de Constantine (la), 5 a.
Jarnic le Breton, drame 5 actes.
Juillet, drame 3 actes.
Lestocq, op. com. 3 a.
Lectrice (la), c.-v. en 2 actes.

Léon, drame en 5 actes.
Le petit Tondu, 3 actes.
Les trois voisins et les trois voisines, 1 acte.
La lanterne de Diogène, mono'
Lucio, drame en 5 actes.
Louisette, c.-v. en 2 actes.
Louise Bernard, Alex. Dumas.
Laird de Dumbiky (le), A. Dum
Lorenzino, par Alex. Dumas.
Lescombat (la), d. en 5 actes.
Lucrèce, com.-vaudeville.
Le Lansquenet, vaudeville 2 a.
Madame Panache, c.-v. 2 acte
Madame J'ordonne, 1 acte.
Madame la comtesse, 1 acte.
Morin, 1 acte.
Mariée est trop belle (la) 1 act
Margot, vaudeville, 1 acte.
Mineurs de Trogolft (les), d. 3 a
Mont-Bailly, drame, 4 actes.
Marco, comédie en 2 actes.
Misère (la), dr., 5 actes.
Maurice et Madeleine, 3 actes.
Marino Faliero, tragédie, 5 acte
Marie, comédie, 5 actes.
Mari de la veuve (le), A. Dum
Marguerite d'York, dr. 5 acte
Marguerite de Quélus, *idem*.
Marguerite, vaudeville, 3 acte
Mathias l'invalide, c.-v. 2 acte
Madame et Monsieur Pinchon.
Marcel, drame en 5 actes.
Meublé et non meublé, 1 acte.
Monde volant (le), 1 acte.
Masséna, 3 actes.
Mort de Gilbert (la), monologu
Monk, drame en 5 actes.
Maîtresse de langues (la), v. 1
Marquise de Senneterre (la).
Mathilde ou la Jalousie, 2 acte
Monsieur et Madame Galochar
Murat, drame, 5 actes et 16 ta
Marquise de Prétintailles (la).
Madeleine, drame en 5 actes.
Main droite et main gauche (la
Mademoiselle de la Faille, d. 5
Marché de Saint-Pierre (le), 5
Marguerite Fortier, *idem*.
Maître d'école (le), c.-v. 2 acte
Mémoires du diable (les), 5
Mille et une nuits (les), 3 a. 16
Moulin des tilleuls (le), 1 act
Ma maîtresse et ma femme, 2
Mon parrain de Pontoise, 1 a
Mère de la débutante (la), 3 a
Mme Camus et sa demoiselle.
Marcelin, drame 5 actes.
Meunière de Marly (la), 1 act
Monsieur Lafleur
Naufrage de la Méduse (le), 5
Napoléon Bonaparte, A. Dur
Nièce du Précepteur, (la) 3 a

Librairie de J. BARBRÉ, Éditeur

COLOMBE ET PINSON

VAUDEVILLE EN UN ACTE

PAR M. PAULIN DESLANDES

REPRÉSENTÉ, POUR LA PREMIÈRE FOIS, A PARIS, SUR LE THÉATRE DU PALAIS-ROYAL, LE 11 DÉCEMBRE 1860

DISTRIBUTION DE LA PIÈCE

AUBRIOT, chapelier	M. DELANNOY.
PINSON, id.	M. R. LUGUET.
COLOMBE, orpheline	Mlle MARTINE.

Une chambre très-propre. Meubles, chaises, portes, etc. Un établi de chapelier, à droite, premier plan. Une table, à gauche, premier plan, toujours à droite du spectateur, cheminée et fourneau, plat en terre dessus.

SCÈNE PREMIÈRE

AUBRIOT, COLOMBE.*

AUBRIOT, travaillant à un établi de chapelier. Il appelle. Colombe! (Plus fort.) Colombe!

COLOMBE, qui est assise et borde un chapeau. Ah! il a des portraits de femme chez lui!

AUBRIOT. Colombe!... Oh! elle ne répondra pas! (Avec satisfaction.) Mais devient-elle insupportable!... Colombe!

COLOMBE. Eh bien, quoi?

AUBRIOT. Le déjeuner, Pinson va venir.

COLOMBE. Et quand il attendrait, ce monsieur!

AUBRIOT, avec bonheur. Mais se forme-t-elle! se forme-t-elle! Dans quelque temps, il n'y aura plus moyen de vivre avec elle. Enfin, ma bonne étoile! tu vas donc filer! (D'un air engageant.) Tu parles bien durement, Colombe.

COLOMBE, à part. Au fait; ce brave homme n'est pas cause... (Haut.) Ne m'en voulez pas, père Aubriot, j'ai bien mes petits moments de mauvaise humeur, mais je suis bonne au fond, allez.

AUBRIOT, avec regret. Allons, voilà un mot qui gâte tout.** (Riant.) Bonne! bonne! pas tant que ça; tiens, avec ton petit air doux, je suis sûr que tu rendrais un mari bien malheureux.

COLOMBE, le câlinant. S'il était bon comme vous, oh! non.

AUBRIOT. Ah! si, va, toi, ma femme, par exemple, tu ne me laisserais que les yeux pour pleurer.

COLOMBE, riant. Ce n'est pas pour dire, vous êtes furieusement entêté.

AUBRIOT, avec satisfaction. Oh! entêté comme un âne rouge. Quand j'ai quelque chose là dedans!... (A part.) Et j'ai mis dans ma caboche que tu me rendrais malheureux comme les pierres. (Haut.) Tu vois, Pinson ne vient pas pour déjeuner, va le chercher.

COLOMBE, avec colère. Est-ce que monsieur est jamais dans sa chambre! oh! je suis d'une colère!

AUBRIOT, jaloux. Colombe! je remarque avec peine que tu bougonnes plus Pinson que moi; c'est un bon garçon, c'est vrai, mais ce n'est pas une raison pour...

COLOMBE, sans l'écouter. Il n'est pas là, tant pis pour lui, vous déjeunerez seul.

AUBRIOT. Mais devient-elle mauvaise!...

COLOMBE, mettant le couvert. A part. Il est sans doute allé chez cette femme dont j'ai trouvé le portrait dans sa chambre... (Haut, à Aubriot.) Tenez... je vous ai fait de bonnes petites saucisses, de bon petit boudin.

* Colombe, Aubriot.

** Aubriot, Colombe.

AUBRIOT, allant s'asseoir à une table à gauche.) Le fait est que...* tiens, j'aurais été millionnaire, que j'aurais voulu des saucisses et du boudin, à mon déjeuner, à mon dîner, à tous mes repas, tous les jours, rien que ça.

COLOMBE, qui a tout préparé. Dépêchons, monsieur Pinson mangera froid, et ce sera bien fait. **

AUBRIOT, fâché. Quand je te dis que tu as une préférence marquée pour lui.

COLOMBE, frappant du pied. Vous dépêchez-vous!

AUBRIOT, enchanté. Comme tu me presses! comme tu as peu de patience! amour de femme, va. (Il s'assied à la table.)

COLOMBE. Ah çà! quest-ce que vous me donnerez aujourd'hui?... car, enfin, c'est la fête des demoiselles... la Sainte-Catherine...

AUBRIOT, s'arrêtant, fronçant le sourcil. La Sainte-Catherine!

COLOMBE. Eh bien, qu'est-ce que vous avez?

AUBRIOT. J'ai, j'ai... j'ai ce que j'ai. (A part.) La Sainte-Catherine! tu ne mangeras que du pain sec aujourd'hui, canaille d'Aubriot.

COLOMBE. Mais ça va refroidir. ***

AUBRIOT, se levant. Qu'est-ce que ça me fait? je ne mange que du pain sec.

COLOMBE. Ah! bien, en voilà une lubie!

SCÈNE II

LES MÊMES, PINSON. ****

PINSON, gaiement entrant de côté.

AIR de *Vallace*.

La gaîté par la main
Conduit mon existence.
Ça s' conçoit, je n'ai rien,
Rien sur la conscience.
Chanter soir et matin,
C'est toute ma science.
Lorsque l'on a la joie au cœur
On est toujours de bonne humeur.
J'ai le cœur toujours dilaté,
J'ai force, jeunesse et santé.
Chantons, piochons,
Pour la joie pas de mort's saisons.
Chantons, piochons,
Mais voici l'heure, déjeunons.

Bonjour, ma petite Colombe. (A Aubriot.) Bonjour, pas si beau que moi.

COLOMBE, en colère. Pourquoi passez-vous par la cuisine?

PINSON. Il y a deux entrées, est-ce que celle-là n'est faite que pour Azor?... Déjeunons-nous?

AUBRIOT, d'un ton sombre. Déjeune, mon garçon.

COLOMBE, en colère. Du moment qu'il s'agit de manger...

PINSON. Eh bien, qu'est-ce que vous avez donc? tous les deux, vous avez l'air tout chose.

COLOMBE, sèchement. Je n'ai rien.

PINSON, riant. Tu ne le perdras pas alors.

AUBRIOT. Allons, donne-lui son déjeuner; parce que je ne mange que du pain sec, ce n'est pas une raison pour...

COLOMBE, d'un ton bref. Monsieur est servi.

PINSON. Oh! quelle bonne mine ça vous a! Venez-vous, père Aubriot?

AUBRIOT. Non. (Prenant un morceau de pain.) Je ne mange que du pain sec aujourd'hui.

PINSON, gaiement. Est-ce que vous l'avez mis dans votre tête, père Aubriot?

AUBRIOT. Oui.

PINSON. Alors c'est réglé. Déjeunons et mangeons tout, Colombe.

COLOMBE. Je n'ai pas faim.

PINSON. Qu'est-ce qu'ils ont donc, qu'est-ce qu'ils ont donc? (Allant manger près d'Aubriot.) Mais qu'elles sentent donc *bonne*, qu'elles sentent donc *bonne!*

AUBRIOT, avec convoitise. Le fait est que... (Prenant un parti.) Non.

COLOMBE. Au moins, père Aubriot,* vous boirez bien de ce bon vin cacheté, dont votre bourgeois, le chapelier, vous avait donné quelques bouteilles quand vous avez été malade.

AUBRIOT, tenté. Le fait est que c'est du fameux vin.

COLOMBE, lui en donnant. Tenez, pour ma Sainte-Catherine.

AUBRIOT. La Sainte... non, je ne boirai que de l'eau.

PINSON, prenant le verre. Oh! quel fumet, hein? un hareng saur sur le gril n'en a pas un pareil.

AUBRIOT. Le fait est que je sens d'ici.

COLOMBE. Allons... laissez-vous faire.

AUBRIOT, à lui-même. Au fait, il y a assez longtemps que...

COLOMBE. A la bonne heure. (Elle lui en verse.)

PINSON. Tiens, Colombe, range ces chaussons de lisière que je viens d'acheter.

AUBRIOT, s'arrêtant. Des chaussons de lisière! *

PINSON. Tiens, non, au fait, j'ai à faire aujourd'hui la conduite à un ami, je vais les

* Colombe, Aubriot.
** Aubriot, Colombe.
*** Colombe, Aubriot.
**** Colombe, Pinson, Aubriot.

* Pinson, Colombe, Aubriot.
** Pinson, Aubriot, Colombe.

mettre; comme je n'irai que jusqu'à la barrière...

AUBRIOT. Une conduite! Tu n'iras pas, Pinson.

PINSON. Qu'est-ce qu'il a donc?

AUBRIOT. Je t'aime pourtant bien, mais si tu fais la conduite à n'importe qui... nous nous séparons.

AIR : *Non, jamais de la sorte. (Mignonne.)*

Rien qu'à ce seul mot de conduite
Se réveille mon souvenir;
Oh! renonces-y tout de suite
Ou tu ne dois plus revenir.

(Il sort agité.)

PINSON et COLOMBE.

On dirait qu'au mot de conduite
Chez lui s'réveille un souv'nir.
Dans c'qu'il dit, pas la moindre suite,
Mais où donc veut-il en venir?

SCÈNE III

COLOMBE, PINSON.*

PINSON. Nous séparer, allez donc séparer l'arc de triomphe de l'Étoile de ses fondations. Nous sommes cimentés tous les trois.

COLOMBE. Dites tous les deux, qu'est-ce que je suis, moi? Une pauvre petite orpheline que monsieur Aubriot a recueillie.

PINSON. Que tu as dû souffrir de fois, ma petite Colombe! Tiens, moi, je n'ai jamais connu ma mère : quant à mon père, j'aurais donné mon petit doigt pour le connaître. C'est vrai, je suis gai, heureux, eh bien, c'est toujours la seule chose qui me chiffonne. C'est drôle, il y en a qui croient que parce qu'on est gai, on ne sent rien là, quelle bêtise! Tiens...

AIR de *Mademoiselle Garçin.*

Au nouvel an, la Saint-Jean, jour d'un' fête,
Quand j'vois les autr's avec un pot d'œillets,
Je m'sens un' larme et je deviens tout bête:
Personn', hélas! n'aura mes pauvr's bouquets.
Que n'ai-je un père accueillant visite,
A qui j'puiss' dire en venant l'embrasser :
L'bouquet est p'tit, car ma bourse est petite,
Mais j'ai l'cœur plein, j'te donne un gros baiser.

Mais, ouiche, je ne connaîtrai jamais c'te jouissance-là.

COLOMBE, avec dépit. Oui, oui, je sais bien, vous êtes bon, mais pourquoi, alors, êtes-vous si méchant avec d'autres?

PINSON, criant. Pour qui que je ne suis pas bon?

COLOMBE. Où avez-vous été ce matin?

PINSON. J'ai été... oh! bien heureux : j'ai été porter des bottes de fleurs...

* Aubriot, Pinson.

COLOMBE. A... une femme?

PINSON. Oui, à une femme.

COLOMBE. Et cette femme, c'est?...

PINSON. Je ne peux pas te le dire.

COLOMBE. Suffit, monsieur!

PINSON, à part. Je n'ai pas pu la voir, mais je suis sûr qu'elle me voyait, pauvre mère!

COLOMBE, à part. Comment me venger?... (Haut.) Monsieur Pinson, je vas me marier.

PINSON. Avec moi?

COLOMBE. Non.

PINSON. Hein? et avec qui?

COLOMBE. Qu'est-ce que ça vous fait?

PINSON. Eh bien, il n'a qu'à bien se tenir celui-là. Son nom?

COLOMBE, à part. Au fait, ce que le père Aubriot m'a dit ce matin... (Haut.) Monsieur Aubriot.

PINSON. Aubriot! ah! mon pauvre bonhomme! je t'aimais comme je n'ai jamais aimé un homme! mais si c'était vrai, quelle dégelée! (On entend la voix d'Aubriot dans la coulisse.)

AUBRIOT, du dehors. Je recommencerai si ça me plaît.

COLOMBE. Justement le voilà.

PINSON. Tu vas voir quelque chose.

COLOMBE. Essayez un peu, voir.

SCÈNE IV

LES MÊMES, AUBRIOT. *

AUBRIOT, un peu débraillé. J'avais besoin de cette dispute-là, ça m'a soulagé.

COLOMBE. Une dispute! Avec qui?

AUBRIOT. Est-ce que je sais? Il m'a coudoyé, je l'ai poussé dans la poêle de la marchande de friture... Il beuglait! Ça m'a fait du bien.

COLOMBE, criant. Qu'est-ce qu'il vous avait fait?

AUBRIOT, criant. Est-ce que je sais? J'avais soif de ça. Ah! qu'on ne me contrarie pas jourd'hui.

PINSON, à part. Ah! tu veux épouser une jeune fille que... (Haut, le regardant fixement.) Père Aubriot, savez-vous la scène qu'il y a eu ce matin chez Salandier?

AUBRIOT. Quelle scène?

PINSON. Vous savez... Le vieux père Salandier... qui a voulu épouser une jeune femme?... Elle vient de lui flanquer une pile!... Il me criait de l'en empêcher. Pourquoi ça? A la jeunesse, il faut la jeunesse. Il a voulu en tâter, il n'a que ce qu'il mérite.

COLOMBE, vivement. Toutes les femmes ne sont pas comme cette mégère-là.

* Colombe, Aubriot, Pinson.

AUBRIOT, enchanté. Et il est bien malheureux, le père Salandier, d'avoir épousé une jeune femme?

PINSON. Oh! malheureux comme un goujon dans une tabatière.

AUBRIOT, à lui-même. Et voilà le sort qui m'attendrait si...? * Oh! pauvre Catherine, serais-tu contente de me voir, à mon tour, malheureux comme... un goujon dans une tabatière!

COLOMBE. Père Aubriot, je voudrais avoir avec vous un entretien particulier. **

PINSON. Père Aubriot, regardez donc le temps? Tenez, voyez-vous ce nuage, là-bas, là-bas. C'est un nuage de coups de poing. Prenez garde de vous trouver sous la gouttière.

AUBRIOT. Qu'est-ce qu'il dit? qu'est ce qu'il dit?

PINSON, furieux. Et sur ce, je m'en vas.

COLOMBE. Rue Saint-Sébastien, numéro vingt-quatre? ***

PINSON. Rue Saint-Sébastien, numéro vingt-quatre. C'est là seulement qu'on m'aime.

AUBRIOT. Qu'est-ce qu'il dit?... qu'est-ce qu'il dit?

COLOMBE. C'est très-bien, allez. (A Aubriot.) Et vous, restez.

PINSON. Père Aubriot, prenez garde à la gouttière.

AUBRIOT. Encore!...

COLOMBE, le câlinant. Ce cher monsieur Aubriot.

AUBRIOT, à part. Mais si elle m'aime trop, ce n'est plus ça.

PINSON, à part. Oh! il y a quelque chose qu'il faut que je sache! J'écouterai...

ENSEMBLE.

AIR : *Il faut le laisser exhaler.* (*Barbier de Séville.*)

Oui, père Aubriot, redoutez ma colère,
L'moment d'éclater, j'vous jure, n'est pas loin.
Ne vous trouvez pas juste sous la gouttière,
Car il va pleuvoir un' grêl' de coups de poing.

AUBRIOT.

Mais qu'a donc Pinson? d'où lui vient sa colère?
Quand je reste là sans rien dir', dans mon coin.
Que me parle t-il d'éviter la gouttière?
Il paraît qu'il va pleuvoir des coups de poing.

(Pinson sort.)

COLOMBE.

Il a beau crier et se mettre en colère,
D'en savoir la cause, oh! je n'ai nul besoin.
Puisque ce méchant toujours me désespère,
L'moment de m'venger, je le crois, n'est pas loin.

* Aubriot, Colombe, Pinson.
** Pinson, Aubriot, Colombe.
*** Pinson, Colombe, Aubriot.

SCÈNE V

COLOMBE, AUBRIOT. *

COLOMBE, avec dépit. Ah! il va retrouver cette femme!

AUBRIOT, avec joie. Si c'était pour moi, ces coups de poing! Ah! je serais bien heureux, car ça me ferait bien de la peine.

COLOMBE, à part. Je serais malheureuse avec monsieur Aubriot, son âge... Mais c'est égal. (D'un ton bref.) Vous m'avez fait souvent entendre qu'un mariage entre nous deux...

AUBRIOT. C'est-à-dire, il n'y a pas longtemps. C'est depuis que je t'ai vue changer de caractère, car, conviens que tu deviens bien insupportable, ma petite Colombe?

COLOMBE. Insupportable! Mettez-vous à ma place à la fin, car c'est exaspérant. C'est à qui me contrariera! Le déjeuner est prêt!... bon! monsieur Pinson n'arrive pas, il est chez une femme. Vous, vous allez vous mettre à table, par je ne sais quel caprice, vous ne voulez plus déjeuner! Avouez qu'il y a de quoi sortir de son caractère.

AUBRIOT, brusquement Je quitte la table... je quitte la table!... Pourquoi me parles-tu de la Sainte-Catherine, aussi?

COLOMBE. Eh bien, qu'est-ce qu'il y a là qui puisse...?

AUBRIOT. Ce qu'il y a?... Il n'y a rien.

COLOMBE. Eh bien, si, il y a quelque chose, et je veux le savoir.

AUBRIOT. Non, j'ai eu tort, la.

COLOMBE. Pourquoi ce mot de *Sainte-Catherine* vous rend-il tout je ne sais comment?

AUBRIOT, voulant détourner la conversation. Que t'es donc gentille quand tu bougonnes.

COLOMBE. Ta ta ta ta. Parlerez-vous?

AUBRIOT. Mais...

COLOMBE. Pas de mais, je veux savoir, entendez-vous bien, je le veux!

AUBRIOT, embarrassé. Tu veux savoir pourquoi au nom de Catherine, je suis fantasque, bourru, bougon?

COLOMBE, tapant du pied. Oui, je le veux!

AUBRIOT. Puisque tu m'en pries si gentiment... (A part.) Qu'elle est donc volontaire! Il y a une vingt-cinquaine d'années j'étais gai... tiens, comme Pinson... bon, tiens, comme Pinson... mais pas plus de tête qu'une linotte! J'aimais une jeune ouvrière, Catherine...

COLOMBE. Elle s'appelait Catherine?

AUBRIOT, éclatant. Et faut que le maire du huitième aille à la chasse... Maudite chasse, va!...

* Colombe, Aubriot.

COLOMBE. Quel rapport...?

AUBRIOT.

AIR : *Et pourtant, papa.*

L'mariag' devait s'faire
L'dix-neuf, un lundi,
Mais v'là qu'monsieur l'maire
Ne r'vient que l'sam'di.
Quand on s'aime tant qu'ça,
Toute un' s'main' que faire?...
Pourquoi monsieur l'maire
Fit-il c' voyag' là?

COLOMBE. Eh ben, mais alors Catherine...?

AUBRIOT. Ah! te v'là comme les autres, toi... C'est vrai, on jette souvent la pierre aux jeunes ouvrières qui font une faute. On ne veut pas comprendre que le matin elles vont à leur ouvrage seules, pas de mère pour les surveiller : leur mère est à la maison qui prépare les repas du mari et de la fille. Alors elle rencontre un jeune homme, par hasard d'abord, puis le lendemain par mégarde, exprès; puis, si elle faillit, on tombe sur la jeune fille, qui, si elle avait été surveillée, serait restée toujours brave et honnête.

COLOMBE. Continuez donc, père Aubriot.

AUBRIOT. Pour en revenir au lundi en question... le mardi, j'étais heureux... ah!... et le mercredi... ah!... encore plus!... le jeudi... ah!... Maudit jeudi, va!

COLOMBE. Jeudi...?

AUBRIOT. J'étais sur le pas de ma porte, en manches de chemise, en chaussons de lisière, je fumais ma pipe... Des camarades, des chapeliers, allaient faire la conduite à Cantin qui partait pour Lyon... Gueuse de conduite!... et Pinson veut... Qu'il fasse la conduite à quelqu'un!...*

COLOMBE. Continuez donc!

AUBRIOT. « Bernard, viens-tu boire un cinquième? » qu'ils me disent.

COLOMBE, *étonnée.* Comment, Bernard?

AUBRIOT. Oui, je m'appelle Bernard Aubry; Aubriot c'est un nom de guerre. (*On entend tomber quelque chose.*) Qu'est-ce que c'est que ça?

COLOMBE. Le chat, sans doute.

AUBRIOT. Et me voilà en manches de chemise et en chaussons de lisière, buvant une tournée, puis une autre. Arrivé à la barrière, « Je paye une tournée à la première étape, dit Cantin, et capon qui s'en dédit. » Et nous voilà de bouchon en bouchon, à cinq lieues de Paris, moi toujours en... Il est trop tard pour revenir à Paris, on couche à l'auberge; le lendemain le vin blanc, puis on ne peut pas s'en aller sur une jambe, se quitter comme des canailles!... Bref, d'étape en étape, nous sommes restés dix jours et dix nuits, moi toujours en manches de chemise et en chaussons de lisière, c'est-à-dire non : arrivés à Lyon, je marchais sur les semelles du père Adam, pas plus de chaussures que de monnaie. Je m'embauche chez un chapelier pour huit jours. V'lan, je fais du déchet : pour le payer, forcé de rester; et me voilà six mois à Lyon, sans donner de mes nouvelles.

COLOMBE. Et c'te pauvre Catherine attendait?

AUBRIOT. Et c'te pauvre Catherine attendait! V'là que je n'ose pas écrire d'abord, puis v'là que je n'ose plus partir, de peur d'un galop. Six mois se passent encore et un beau matin, je reçois... (*Tirant de son portefeuille une lettre.*) tiens, cette lettre de Catherine.

COLOMBE, *la lisant.* « Je ne vous en veux pas de votre abandon, Aubry. Pourquoi m'étais-je laissé tromper? J'ai un fils...» (*Elle regarde Aubriot.*)

AUBRIOT. Il paraît que oui...

COLOMBE. « Je crains bien de ne pas l'embrasser longtemps, car je suis bien malade; mais je ne puis me fier à vous pour l'élever: une brave amie veut bien s'en charger ; vous ne le connaîtrez jamais, je ne veux pas vous exposer à être méprisé par votre fils... » Pauvre père Aubriot!

AUBRIOT.

AIR : *Et pourtant, papa.*

Ça me détermine,
J'pars... soins superflus!
Ma pauvre Cath'rine,
Hélas! n'était plus!
Et pourtant l'lundi,
Si monsieur le maire
Eût fait notre affaire,
Mariés l'mardi,
J'dormais l'mercredi,
J'partais pas l'jeudi,
J'piochais l'vendredi.

Pauvre Catherine Picot! (*On entend tomber une pile d'assiettes.*)

COLOMBE. Ah! pour le coup, il y a quelqu'un!* (*Elle court à la chambre de côté.*) Personne, c'est singulier.

AUBRIOT. A dater de ce moment, je me suis rangé.

COLOMBE. Vous m'avez recueillie.

AUBRIOT. Mais, ce n'est pas tout... J'aurais voulu être malheureux pour que c'te pauvre Catherine soit vengée. Ah! ouiche! un bon-

* Aubriot, Colombe.

* Colombe, Aubriot.

heur insolent... Je prends un apprenti, Pinson, tiens... Je l'accablais de petits soins pour qu'il soit ingrat, c'est l'habitude. Bon, v'là qu'il est reconnaissant, v'là qu'il m'aime. Je te recueille, je me dis : Elle aura des amoureux quand elle sera grande, elle me quittera, ça me fera du chagrin, et... (*Furieux.*) pas du tout... Né coiffé!

COLOMBE, *riant*. Vous êtes, en effet, bien malheureux.

AUBRIOT, *avec satisfaction*. Mais patience, ça va venir. Pinson, jusqu'alors si gai, si bon, vient de me menacer, je ne sais pas pourquoi, mais c'est égal, nous nous battrons tous les jours... Toi, voilà ton caractère qui se développe, tu deviens insupportable. Je t'épouse et...

COLOMBE. Hein? C'est pour ça que vous...?

AUBRIOT. Le voilà donc arrivé, ce moment depuis si longtemps attendu. Mon purgatoire va commencer!... Et pour ça, Colombe, je compte sur toi.

AIR : *Voilà la manière de faire un héros.*

Dans notre ménage,
Pour notre bonheur,
Sois toujours sauvage
Et d'mauvaise humeur,
Rends-moi malheureux,
Bats-moi sans cesse ;
Pas une caresse,
Si j'fais les doux yeux,
Fais la grimace à ma tendresse.
Toujours en colère,
Ne m'câlin' jamais,
Et f'is-moi la guerre
Pour avoir la paix.

COLOMBE. Ah! par exemple!... Si je m'attendais...

SCÈNE VI

LES MÊMES, PINSON. *

PINSON, *agité, à part*. Je n'en puis plus!... C'est lui!... J'ai des fourmis dans les jambes.

AUBRIOT, *heureux*. Il vient me chercher dispute. Avec quel bonheur je vais avoir ce chagrin-là!

COLOMBE, *avec dépit*. Cette belle dame était-elle chez elle?

PINSON, *heureux, sans l'écouter*. Laisse-moi donc tranquille.

COLOMBE. Ah! c'est comme ça! eh bien, mon petit monsieur Aubriot,** je vous épouserai. Au lieu d'un fils que vous ne connaissez pas... (*A Pinson.*) Car il a un fils, il n'a pas de secret pour moi, lui!... Vous aurez une fille, ou plutôt une femme qui vous préfèrera à tous ces vilains jeunes gens, et je vous rendrai si heureux, si heureux, que vous finirez par oublier vos chagrins. (*Elle sort.*)

* Colombe, Pinson, Aubriot.

** Pinson, Colombe, Aubriot.

SCÈNE VII

PINSON, AUBRIOT. *

AUBRIOT, *criant*. Mais ce n'est plus ça, ce ce n'est plus ça... J'aurai bien de la peine à en faire quelque chose.

PINSON, *joyeux*. Ah! vous avez un fils, père Aubriot?

AUBRIOT. Qu'est-ce que ça te fait?... Eh bien, ce nuage de coups de poing, il ne crève donc pas?

PINSON, *joyeux*. Et vous ne savez pas où il est, ce fils?

AUBRIOT. Tiens, me voilà sous la gouttière. Viens donc!

PINSON. Nous battre! J'aimerais mieux me manger les poings jusqu'aux coudes.

AUBRIOT, *criant*. Bon!... Savoyarde d'étoile! j'espérais. . Eh bien, non!...

PINSON. Si vous l'aviez trouvé, vous l'auriez bien aimé, hein?

AUBRIOT. Qui?

PINSON. Ce fils... dont me parlait Colombe.

AUBRIOT, *s'oubliant*. C'est-à-dire que je l'en aurais embêté; je l'aurais suivi partout; tous les matins, il aurait trouvé chez sa portière, aujourd'hui une casquette, demain des marrons de Lyon... Non! rien de Lyon! Quand il aurait aimé une femme, comme j'aurais été m'informer si elle le valait! Dans ce cas, j'aurais fichu des calottes à tous ceux qui auraient tournaillé autour d'elle. Si ç'avait été une gueuse, je lui aurais fait la cour, je l'aurais enlevée à mon garçon pour qu'il ne s'y attache pas; aucun sacrifice ne m'aurait coûté.

PINSON, *à part*. Ma foi! je n'y tiens plus, et et je vais .. (*Haut.*) Et lui aurait-il été heureux de vous appeler son père!

AUBRIOT. Son père! il ne l'aurait jamais connu!

PINSON, *étonné*. Pourquoi?

AUBRIOT. Parce que sa mère, en mourant, m'a écrit que, ne voulant pas m'exposer à rougir devant lui, je ne le connaîtrais jamais!

PINSON. Est-ce qu'un fils peut jamais mépriser...?

AUBRIOT, *avec fermeté*. Oui, Aussi je l'aurais retrouvé, s'il avait su qui j'étais, tu connais ma volonté de fer, j'aurais parti à cent

* Aubriot, Pinson.

lieues, deux cents lieues, j'aurais été en Amérique à pied, plutôt que de rougir devant lui.

PINSON, à part. Oh! oui!... entêté comme il est, il partirait.

AUBRIOT. Mais il ne s'agit pas de ça. Nous disons que ce nuage de coups de poing...

PINSON. Me battre avec vous! c'est-à-dire que si je vous disais un mot plus haut l'un que l'autre, cassez-moi les deux bras!

AUBRIOT. Enfant! que ça te gênerait pour travailler et te moucher.

PINSON. Dieu de Dieu! moi! vous! quand, au contraire... non!

AUBRIOT, furieux. Va-t'en! monsieur qui s'avise de m'aimer!

PINSON. Qui m'a rendu bon ouvrier? Vous!

AUBRIOT, de même. Qui s'avise d'être reconnaissant. Va-t'en!

PINSON. Bon! c'est ça, criez, cassez-vous quelque chose dans la dalle du cou!... Voyons, fichez-moi une bonne calotte et ne vous fâchez pas.

AUBRIOT. T'en iras-tu!

PINSON, criant, comme fou. Eh bien, oui, on s'en va!... Je vas lui acheter une cravate.

AIR : *Rondo de Tony.*

Je ne sais pourquoi
J'dans' malgré moi :
Le bonheur m'étouffe, il m'inonde,
Je dans'rai un' ronde
Tant j'suis joyeux.
Allons, mon vieux,
En avant deux !

Il danse. — Aubriot va lever la main sur lui, il la lui saisit et la lui baise, et sort comme un fou en dansant et en chantant.

SCÈNE VIII

AUBRIOT, puis COLOMBE.

AUBRIOT, furieux. La! au moment où j'espérais!... né coiffé!... Mais Colombe me reste, elle est mauvaise comme tout, et une fois mariés...

COLOMBE, en colère.* Il y va... tous les jours! Je suis d'une colère!

AUBRIOT, enchanté. Vrai! tu es en colère?

COLOMBE. Vous ne savez pas? il y va tous les jours!

AUBRIOT. Vrai?...

COLOMBE. C'est la fruitière qui me l'a dit.

AUBRIOT. Ah! si c'est la fruitière...

COLOMBE. Mais qu'est-ce que c'est que cette femme-là?

AUBRIOT. Ah! voilà! Qu'est-ce que c'est que...

* Aubriot, Colombe.

COLOMBE. Il y est entré ce matin avec une botte de fleurs!

AUBRIOT. Qui?

COLOMBE. Eh! monsieur Pinson! Vous ne comprenez donc pas? il faut que vous soyez...

AUBRIOT. Quoi?

COLOMBE. Ah! tenez, je sens que je deviens insupportable, je veux partir!

AUBRIOT. Partir! au moment où tu deviens...

COLOMBE. Mais il a son portrait!

AUBRIOT. Ah! il a son portrait!

COLOMBE. Et ce qui m'enrage, c'est qu'elle est jolie!

AUBRIOT. Pas tant que toi, quand tu es en colère.

COLOMBE. Pas tant que moi? Regardez plutôt!

AUBRIOT, le prenant en riant. Voyons cette merveille. (Il regarde le portrait, et est ému à s'en trouver mal.) Elle! elle!

COLOMBE. Ça vous indigne, pas vrai?

AUBRIOT, comme fou. Tu dis que Pinson...?

COLOMBE. Va tous les jours chez elle!

AUBRIOT. Où?

COLOMBE. Rue Saint-Sébastien, numéro vingt-quatre.

AUBRIOT. Et c'est la femme de ce portrait?

COLOMBE. Ça doit être; car je ne l'ai pas vue.

AUBRIOT. Je la verrai, moi.

COLOMBE. C'est ça, et lavez-lui la tête!

AUBRIOT. Pinson ne t'avait jamais parlé de cette femme-là?

COLOMBE. Il s'en serait bien gardé!

AUBRIOT. Ni à moi non plus. S'il faut qu'il sache... je pars.

COLOMBE. Ainsi saboulez cette femme!

AUBRIOT. Colombe! si tu dis à Pinson que j'ai vu ce portrait, je ne te pardonnerai jamais!

COLOMBE. Dites-moi au moins...

AUBRIOT. Tu m'entends? je ne te pardonnerai jamais! (Il sort précipitamment.)

SCÈNE IX

COLOMBE, seule.

Ah çà! ils sont tous fous! ils vont me rendre réellement méchante!

AIR de *Mangeant.*

Je suis pourtant douce et bonne,
Quoique vive, j'ai bon cœur.
J'ose dire que personne
N'a douté de ma douceur.
Mais, si sur moi chacun tombe
Et prend un ton vert et sec,

Sachez bien que la colombe
Donne aussi des coups de bec.
Sachez bien que la douce colombe,
Au besoin, peut donner, donner des coups de bec.

DEUXIÈME COUPLET.

J'avais rêvé le ménage
Comme un petit nid à deux,
Egayé par le ramage
De deux pigeons amoureux.
Pourtant, sur moi chacun tombe
Et prend un ton vert et sec;
Mais sachez que la colombe
Donne aussi des coups de bec.
Sachez bien que la douce colombe,
Au besoin, peut donner, donner des coups de bec.

SCÈNE X

COLOMBE, PINSON.*

PINSON, entrant. Où qu'il est? où qu'il est?

COLOMBE. Qui?

PINSON. Le père Aubriot.

COLOMBE. Pour le battre?

PINSON. Lui! Tiens, je viens de lui acheter cette calotte grecque et cette cravate.

COLOMBE. Monsieur, je ne puis plus vivre ainsi, je pars; car lorsque je vous disais que j'aimais le père Aubriot, ce n'était pas vrai.

PINSON, en colère. Tu ne l'aimes pas! tu ne l'aimes pas! Avise-t'en pour voir!

COLOMBE. C'est juste! pour vous débarrasser de moi!

PINSON. Toi! je te disputerais à un régiment de carabiniers! mais à lui!... Dis donc, si je lui faisais faire une tourte?

COLOMBE, criant. A qui?

PINSON. A lui, donc.

COLOMBE. Ce serait plutôt à elle! **

PINSON, criant à son tour. A elle!... qui?

COLOMBE. A celle chez qui vous allez tous les jours.

PINSON. Ah! si j'osais, oui, mais je n'ose pas.

COLOMBE. Vous n'avez pas de honte! une jeune femme!...

PINSON, se fâchant. Ah! je ne souffrirai pas que tu te moques d'elle! Elle a quarante-huit ans, c'est vrai, mais elle ne les paraît pas.

COLOMBE. Allons donc! être si belle à cet âge-là. !

PINSON. Eh bien, oui, elle louche, c'est vrai; elle boite, j'en conviens; elle prend du tabac comme un Suisse; mais elle est si bonne!

* Pinson, Colombe.

** Colombe, Pinson.

COLOMBE. Ta ta ta vous voulez me faire accroire ça!... mais je vais aller la trouver, et je saurais bien...

PINSON. Je te le défends!

COLOMBE. Raison de plus!

PINSON. Si tu fais ça...!

COLOMBE. Je le ferai!

SCÈNE XI

LES MÊMES, AUBRIOT, entrant.*

AUBRIOT. Veux-tu bien être plus aimable avec lui, toi?

PINSON, se calmant et le regardant avec bonheur. Le voilà!...

COLOMBE. Ah! pardié! on vous achète des cravates, à vous... mais à moi...

AUBRIOT. Quoi! tu m'as acheté...?

COLOMBE. Ah! oui, je vais la trouver. (Elle remonte.)

AUBRIOT. C'est ça, va la trouver. Je ne sais pas qui, mais pourvu que je reste avec lui!...

COLOMBE. Comme ce serait vraisemblable** qu'il aimât une femme qui louche, qui boite et qui prend du tabac... comme un Suisse. Car, enfin, vous avez vu son...

AUBRIOT, l'interrompant vivement. Tais-toi! et ta promesse!...

COLOMBE. C'est juste. Ah! bien, il va s'en passer de drôles!... (Elle sort en lui jetant à terre le paquet qu'il tenait dans les mains.)

SCÈNE XII

AUBRIOT, PINSON.***

AUBRIOT, à lui-même. Un moment j'ai cru... mais non, ce n'était pas Catherine, mais l'amie à qui elle avait confié mon... oh! tais-toi, ma langue... tais toi!... j'te payerai qué-que chose!

PINSON, le regardant avec amour et à part. Comme je vas le choyer!... J'ai envie de lui acheter un pot d'œillets!...

AUBRIOT, à lui-même. « Quand j'ai recommandé le secret à cette femme, je vous connaissais; je l'ai fait entrer apprenti chez vous, et je n'ai pas parlé, » m'a-t-elle dit. Oh! elle a bien fait, plutôt que de rougir devant lui...

PINSON, à part. Je vas lui en acheter deux!... deux pots d'œillets... mais c'est pas sa fête... Bah! qu'est-ce que ça fait? C'est que (le regardant avec amour.) j'ai ses cheveux!

* Colombe, Aubriot, Pinson.

** Aubriot, Colombe, Pinson.

*** Aubriot, Pinson.

AUBRIOT, à part. Dire que c'est à moi tout ça!

PINSON. Vous... avez bien chaud, père Aubriot. Un bon verre de vin...

AUBRIOT. Oui! j'ai les jambes qui jouent un peu du flageolet, mais ce n'est rien.

PINSON, courant lui apporter une chaise. Asseyez-vous.

AUBRIOT, à part. Est-ce qu'elle a parlé? (Soupçonneux.) Hum! t'es pas si aux petits soins que ça de coutume.

PINSON, brusquement. Je vous offre cette chaise comme si je vous disais : Tiens, est-ce qu'on ne voit plus la comète. (A part.) Diable d'homme, va!

AUBRIOT. Ah oui! c'est comme si tu disais... (Ils chantonnent tous deux en allant et venant.) Dis donc, tu toussais, hier; tu devrais prendre un peu d'eau-de-vie brûlée; un rhume négligé, vois tu...

PINSON, à part. Est-ce qu'il saurait? (Heureux). Comme vous êtes bon pour moi!

AUBRIOT, brusquement. Bon, bon! v'là-t-il pas? au fait, qu'est-ce que ça me fait?

PINSON. Une belle perte! quand un rhume négligé me...

AUBRIOT. Veux-tu bien te taire!

PINSON. Ne dirait-on pas que je suis en or!...

AUBRIOT. Toi! il n'y a rien de plus beau que toi au monde!

PINSON. Pourquoi ne me sautez-vous pas au cou tout de suite?

AUBRIOT. Qui m'en empêcherait? Est-ce toi, par hasard, qui aurais la prétention...? Ah! tu m'en défies!...

PINSON. Eh bien, oui, je vous en défie!...

AUBRIOT. Eh bien, je t'y saute, au cou! (Il se jette dans ses bras, et ils s'embrassent avec effusion.)

PINSON, avec joie. Oh! il sait qui je suis, ça va aller tout seul!

AUBRIOT, revenant à lui, d'un ton soupçonneux). Dis-donc, dis-donc quéque chose! Je t'embrasse parceque tu as eu l'air de me le défendre, de me défier; mais toi...?

PINSON, se remettant brusquement Moi, j'y consens parceque ça paraît vous faire plaisir, car sans ça... (A part.) Il ne sait rien.

(Ils chantonnent de nouveau.)*

AUBRIOT, respirant. Dis-donc, tu ne penses pas à te marier?

PINSON, à part. Ah! c'est juste. Il aime Colombe. Allons, encore ce sacrifice. Qu'il soit heureux. (Haut.) Non, je suis seul, je veux rester seul.

AUBRIOT. Ah! oui, je me rappelle : ta mère t'amena chez moi pour que je te reçoive apprenti.

* Pinson, Aubriot.

PINSON. Ce n'était pas ma mère.

AUBRIOT, jouant l'indifférence. Tiens, je croyais... (A part, avec orgueil.) Oh! non : elle ne louchait pas, elle ne boitait pas, Catherine.

PINSON. C'était une femme qui m'a élevé et qui est venue à Paris depuis quelque temps.

AUBRIOT, le regardant dans les yeux. Et... ton père est... mort?

PINSON. Oui...

AUBRIOT. Ah!...

AIR : *J'en guette un petit de mon âge.*

Eh ben! garçon, moi, je t'en félicite,
Car ça d'vait être un fier mauvais sujet.

PINSON.

Ah! taisez-vous!

AUBRIOT.

Ton père ne mérite
Ni ton souv'nir, ni le moindre regret!

PINSON, un peu menaçant.

Taisez-vous donc!... vot' mépris m'exaspère!
Ah! croyez-moi, t'nez, n'allez pas plus loin!

AUBRIOT, à part, avec joie.

Que j's'rais heureux, s'il m'flanquait un coup de poing
Parc'que j'lui dis du mal de son père! (*Bis.*)
Il n'veut pas qu'on touche à son père.

(Haut.) Je m'imagine qu'il a rendu ta mère malheureuse!

PINSON. Ce n'est pas vrai!

AUBRIOT. Qu'elle est morte de chagrin.

PINSON. Ma mère est morte parce qu'il était écrit là-haut qu'elle devait mourir jeune.

AUBRIOT. Pauvre Catherine!

PINSON. Catherine, avez-vous dit?

AUBRIOT, se reprenant brusquement. Je dis Catherine comme j'aurais dit Marguerite ou Perpétue. Non, je disais que les ouvriers, parfois...

PINSON, à part. Déroutons-le tout à fait. (Haut.) Mon père n'était pas un ouvrier : il était... trombonne dans un régiment.

AUBRIOT. Ah! oui, trombonne... qui joue... de la clarinette dans... (A part.) Allons, il ne sait rien, je pourrai le chérir à mon aise et sans rougir. (Haut.) Dis-donc, pourquoi ne demeures-tu pas avec moi?

PINSON. Ah! tenez, pour cette bonne proposition... (Il lui donne la main.)

AUBRIOT, s'arrêtant tout court. Pourquoi ça te fait tant de plaisir que ça?

PINSON. Après tout, j'y tiens pas! Mais allons nous nous amuser!

AIR : *Notre-Dame du mont Carmel.* (*Mazaniello, Carafa.*)

Liés tous les deux d'une amitié franche,
Peines et plaisirs, nous partag'rons tout.

AUBRIOT.

Bras d'ssus, bras d'ssous, nous irons l'dimanche
Manger d'la salade et boire un p'tit coup.

PINSON.

En buvant, parfois la tête
Peut se troubler.

AUBRIOT.

Eh bien, tant mieux!
On peut se griser l'jour de sa fête.

PINSON.

Ce s'ra toujours fêt', quand nous s'rons tous deux.

ENSEMBLE.

On peut s'griser l'jour de sa fête, etc.

DEUXIÈME COUPLET.

AUBRIOT.

Le soir, nous r'prenons le ch'min d'la barrière,

PINSON.

Riant, chantant, dansant.

AUBRIOT.

Disant un p'tit mot
Aux femm's en passant.

PINSON.

Aux femm's? Ah! mon père!

AUBRIOT, s'arrêtant.

Que dis-tu?

PINSON.

J'dis... Ah! père Aubriot!
Puis l'lundi, r'prenant sans peine
L'collier d'misèr', nous r'piocherons
En chantant toute la semaine.

AUBRIOT. *

L'dimanch' d'ensuite, nous r'commenc'rons.

ENSEMBLE.

En chantant toute la semaine, etc.

AUBRIOT, plus qu'heureux. Eh bien, commençons aujourd'hui!... donnons-nous une petite culotte.*

PINSON, à part. Ouiche, pour que ça lui fasse du mal. (Haut.) J' peux pas, j'ai de l'ouvrage à terminer.

AUBRIOT. Et moi aussi; mais bath, je passerai la nuit.

PINSON, à part. Et il aura demain la tête lourde. (Haut.) D'ailleurs, j'ai pas le sou.

AUBRIOT. J'en ai, moi. Eh! viens, une fois n'est pas coutume.

PINSON, se fâchant. Est-ce que vous croyez que je veux qu'on paye pour moi?

AUBRIOT, heureux, à part. A-t-il du cœur, c' crapaud-là! en a-t-il! (Haut.) Eh bien! jouons la dépense à la plus haute carte. (A part.) Je ne prends que les sept et les huit. (Il va chercher des cartes.)

PINSON, à part. Je m'arrangerai bien pour perdre, va.

AUBRIOT, apportant les cartes. Coupe. (A part.) Je veux griser mon garçon.

PINSON, tirant une carte. La dame de cœur.

AUBRIOT. T'as gagné, viens, je paye.

PINSON. Mais si vous tirez un roi.

AUBRIOT, à part. Prends garde de le perdre. (Il tire.) As; j'ai perdu.

PINSON. Vous avez gagné : l'as, c'est onze points.

AUBRIOT. Ça ne compte que pour un; j'ai perdu.

PINSON, se fâchant. Vous voulez me tricher, vous!

AUBRIOT, se fâchant. C'est toi qui... J'ai perdu, je te dis.

PINSON. Je vous dis que c'est moi.

TOUS LES DEUX, ensemble. Ah! c'est trop fort, je veux payer, moi!

SCÈNE XIII

LES MÊMES, COLOMBE.*

COLOMBE. Eh bien, eh bien, vous vous disputez!...

AUBRIOT. Nous disp... J'ai perdu. Mais tu le veux, j'ai gagné, la.

PINSON. Non, vous le voulez, j'ai gagné; mais c'est moi qui ai perdu.

AUBRIOT, se fâchant encore. Ah çà! sais-tu que tu... !

PINSON, criant. J'ai perdu, j'ai gagné; tout comme vous voudrez, la!

AUBRIOT, criant à Colombe. D'ailleurs, pourquoi nous déranges-tu, toi?

COLOMBE. Comment! c'est comme ça que vous me recevez? (A part, heureuse). Il n'a pas menti : cette femme a quarante-huit ans, et prend du tabac. Ah! mais, un instant!... C'est que ce n'est plus ça!... (Haut.) Dites donc, père Aubriot, quand ce matin vous vouliez...

AUBRIOT. T'épouser? toi!... Tiens, vois-tu ce gros garçon-là : si tu ne l'aimes pas, si tu ne le rends pas heureux, je te prends en grippe.

COLOMBE, à part. Ah! comme ça se trouve! (Haut.) Dame, si ça peut vous faire plaisir...

PINSON, le prenant à part. Tu vois bien ce grand bonhomme, avise-toi un peu voir à ne pas l'épouser, et je te... (A part.) Oh! ça me coûte, car je l'aimais épais; mais pour lui!...

COLOMBE, étonnée. Mais vous?

* Aubriot, Pinson.

* Aubriot, Colombe, Pinson.

PINSON, brusquement. Moi? je ne veux plus t'épouser, v'là tout.

COLOMBE. Comment! Tout à l'heure deux maris, et maintenant pas un!

AUBRIOT, joyeux.* Pinson, et la petite noce!... j' vas aller mettre le bonnet grec et la belle cravate que tu...

PINSON. J' vas vous la mettre. C'est vrai; vous faites toujours une rosette comme une cocarde.

AUBRIOT. Je ne veux pas que tu te donnes c'te peine-là; je reviens.

PINSON. Ne la serrez pas trop, ça fait monter le sang à la gorge.

AUBRIOT. Et puis je vas passer ma redingote à manger le rôti.

AIR : *Suivons, suivons cette jeunesse.*

Pour faire honneur à ton emplette,
J'm'en vas bien vite m'apprêter.
Tu verras que j'f'rai ta conquête,
Tant j'mettrai d' soin à m'cravater.

ENSEMBLE.

PINSON et COLOMBE.

Pour faire honneur à {mon / son} emplette
Il va bien vite s'apprêter.
Il prétend faire {ma / votr'} conquête,
Tant il va bien se cravater.

AUBRIOT.

Pour faire honneur, etc

(Aubriot sort.)

SCÈNE XIV

PINSON, COLOMBE.**

PINSON, à l'établi, se met vite à travailler. Plus souvent que je veux qu'il passe la nuit à travailler!

COLOMBE. Ah çà! me direz-vous...?

PINSON, criant. Souffle le feu! et j'te vous retape, et j'te vous retape!

COLOMBE. Comment!*** c'est au moment où je viens de m'assurer que la femme chez qui vous alliez n'était pas celle du portrait que...

PINSON, travaillant. Un fer encore!...**** Quel portrait?

COLOMBE. Celui-ci.

PINSON, travaillant toujours. C'est celui de ma mère! L'éponge et de l'eau.

* Colombe, Aubriot, Pinson.
** Colombe, Pinson.
*** Pinson, Colombe.
**** Colombe, Pinson.

COLOMBE. De votre?... ah! que je vous embrasse!

PINSON. Veux-tu pas m'empêcher de travailler, Aubriot passerait la nuit.

COLOMBE. Eh bien, quand il la passerait!

PINSON. Mais tu ne sais donc pas, Aubriot, c'est papa... Le coup de fion. (Il travaille toujours.)

COLOMBE. Ah! je cours lui dire alors.

PINSON. Avise-t'en! il croit qu'il aurait à rougir devant son fils; pauvre cher homme. Mais ce que je ne comprends pas, c'est comment, lui, il sait...

COLOMBE. Pardié! je lui ai montré le portrait.

PINSON. A mon tour, je cours...

COLOMBE. Oh! non, il m'a fait jurer que jamais je ne le dirais, mais enfin, ce n'est pas une raison pour vouloir que je l'épouse.

PINSON, criant. Mais puisqu'il t'aime!

COLOMBE. Eh! non, c'est qu'il espère que je le rendrai malheureux.

PINSON. Eh bien, rends-le malheureux, si ça peut le contenter.

COLOMBE. Mais vous?

PINSON. Dame, moi, je te verrai, je pleurerai, et je me tairai.

COLOMBE. Mais je ne veux pas de ça, moi!

PINSON. Mais il partira alors, je le connais.

COLOMBE. Le voici, laissez-moi faire.

PINSON. Le v'là? (Rangeant.*) Qu'il ne s'aperçoive pas que j'ai travaillé.

SCÈNE XV

LES MÊMES, AUBRIOT.*

AUBRIOT. La, me voilà prêt, partons. Eh bien, Colombe, as-tu fait ce que je t'ai dit?

COLOMBE. Oui, monsieur Aubriot, et monsieur Pinson refuse de m'épouser.

AUBRIOT. Comment! tu refuses?

PINSON, étonné. Comment! je refuse...?

COLOMBE. Et c'est bien mal. (Bas à Pinson.) Dites donc que vous refusez!

PINSON, sans comprendre. Oui... je... refuse... (A part.) Si je sais...

AUBRIOT. Et pourquoi ça?

PINSON, bas à Colombe. Oui, pourquoi ça?

COLOMBE. Parce que je suis orpheline.

PINSON, criant. Mais ce serait une raison de plus pour!... Est-ce que je ne suis pas orphelin, moi?...

COLOMBE, bas. Taisez-vous donc.

AUBRIOT, à part. Oui, et c'est moi qui suis cause...!

COLOMBE, feignant de pleurer. Orpheline! est-ce

* Pinson, Colombe.
** Pinson, Colombe, Aubriot.

ma faute s'il ne s'est pas rencontré un brave homme au monde qui aurait voulu m'adopter?

PINSON, bas. Ah! je comprends!

COLOMBE, bas. Ce n'est pas malheureux!

PINSON, bas. Tu es un ange!

COLOMBE. Je le sais bien!

AUBRIOT, frappé d'un trait de lumière. Quelle idée! (Ici l'orchestre joue avec sourdine, jusqu'au couplet final, l'air de Notre-Dame du Mont-Carmel.) En l'adoptant, elle l'épouserait, et alors je pourrais l'appeler mon fils, sans qu'il se doutât... (Haut.) Eh bien, si je t'adoptais, moi? (A Pinson.) L'épouserais-tu, alors? *

PINSON, embarrassé. Dame... (Bas à Colombe.) Puis-je dire que oui?

COLOMBE, bas. Sans doute!

PINSON. Puisque vous le voulez?... (A Aubriot.) Monsieur Aubriot, je vous demande la main de votre fille adoptive?

AUBRIOT. Certainement, monsieur, que...

PINSON. Mais, non! ça ne se peut pas!...

AUBRIOT et COLOMBE. Allons! quoi encore!

PINSON. Je serais obligé de vous appeler papa, et j'ai juré que mon véritable père, seul, aurait ce nom-là de moi!

AUBRIOT. Bath! j'apprendrai à jouer du trombonne pour te faire illusion, mon fils!

* Colombe, Pinson, Aubriot.

AIR : *Notre-Dame du mont Carmel.*

PINSON.

J'pourrai désormais vous app'ler mon père!

AUBRIOT.

J'pourrai, d'mon côté, t'appeler mon garçon!

PINSON.

Pour vous, dès ce soir, j'm'adresse au parterre :

(Au public.)

Soignez-moi papa!

AUBRIOT, au public.

Soignez-moi Pinson!

COLOMBE.

Ah! mais permettez,* un instant, j'réclame!
Vous n'parlez que d'vous, n'ai-je pas mes droits?

PINSON, au public, faisant le geste d'applaudir.

Donnez-lui quéqu'chos', car elle est ma femme.

AUBRIOT, faisant le même geste.

Donnez-en beaucoup, qu'y en ait pour trois!

TOUS.

Donnez-lui quéqu'chose... etc.

* Pinson, Colombe, Aubriot.

FIN

PARIS. — IMPRIMERIE DE ÉDOUARD BLOT, RUE SAINT-LOUIS, 46
(Ancienne maison Dondey-Dupré.)

Nonne sanglante (la), dr. 5 actes.
Nouveau Juif-Errant (le), 3 actes.
Officier bleu (l'), dr. 5 actes.
Orphelins d'Anvers (les), *idem*.
Orangerie de Versailles (l'), 3 a.
Parisienne (une), c.-v. 2 actes.
Philippe III, tragédie 3 actes.
Paris au bal, vaudeville 3 actes.
Paris dans la comète, 3 actes.
Poste noire (la), drame 5 actes.
Paysan des Alpes (le), dr. 5 actes.
Paul Jones, 5 actes, Alex. Dum.
Pauvre mère, dr. 5 actes.
Père Turlututu (le).
1res armes de Richelieu (les), 3 a.
Proscrit (le), 5 a. Fréd. Soulié.
Pâté de canards (le), 1 acte.
Pauline, 5 actes.
Planton de la marquise (le), 1 a.
Paysanne pervertie (la), 5 actes.
Poupard (le), 1 acte.
Papillons (les) et la chandelle 1 a.
Pilbox et Friquet, 1 acte.
Pauvre fille, *idem*.
Pascal et Chambord, 2 actes.
Paméla Giraud, 5 actes, Balzac.
Paul et Virginie, 5 actes.
Paris la nuit, *idem*.
Paris le bohémien, *idem*.
Plaine de Grenelle (la), 5 actes.
Perruquier de l'empereur (le).
Pierre Lerouge, c.-v. 2 actes.
Petites misères de la vie humaine.
Petit Tondu (le), 3 a. et 10 tab
Pruneau de Tours, vaud. 1 acte
Pauline, drame en 5 actes.
Pied de mouton (le), féerie.
Prussiens en Lorraine (les), 5 a
Pauline, châtiment d'une mère
Paris à cheval, c.-v. 3 actes.
Père Trinquefort, vaud. 2 actes
86 moins 1.
Quenouilles de verre (les) 3 act.
Quand on va cueillir la noisette, 1 acte.
Quart de monde (le), 1 acte.
Quatre coins de Paris (les), 5 a.
Qui se ressemble se gêne, v. 1 a.
Quand l'amour s'en va, v. 1 a
Renaudin de Caen, com. 2 actes
Rentrée à Paris (la) 1 acte.
Reines des bals publics (les).
Riche et pauvre, drame 5 actes.
Rose des bois, 1 acte.
Sarah la Créole, drame 5 actes.
Sous un parapluie, un acte.
Tout est bien qui finit bien, 3 a.
Urbain Grandier drame 5 actes.
Un mariage sous Louis XV. 5 ac.
Une mauvaise nuit est bientôt passée, 1 acte
Une femme par intérim, 1 acte.
Une première représentation, 1 acte.
Vieilles amours (les).
Vie de Napoléon (la) monologue.
Vision du Tasse (une), monolog.

CHEFS-D'ŒUVRE DU THÉATRE FRANÇAIS

60 centimes.

Athalie, tragédie en 5 actes.
Andromaque, tragédie en 5 act.
Avare (l'), comédie en 5 actes, de Molière.
Barbier de Séville (le), c. 4 a.
Britannicus, trag. en 5 actes.
Cinna, tragédie en 5 actes.
Cid (le), tragédie en 5 actes.
Dépit amoureux (le), c. 2 actes.
École des Femmes (l'), c. 5 actes, de Molière.
Folies amoureuses (les), c. 3 ac.
Hamlet, tragédie en 5 actes.
Horaces (les), tragédie, 5 actes.
Iphigénie en Aulide, trag. 5 act.
Mahomet, tragédie en 5 actes.
Mort de César (la), trag. 5 act.
Misanthrope (le), com. en 5 act.
Mariage de Figaro, com. 5 actes.
Mère coupable (la), c. 3 actes.
Mérope, tragédie en 5 actes.
Métromanie (la), com. en 5 ac.
Malade imaginaire (le), c. 3 ac.
Othello, tragédie en 5 actes.
Phèdre, tragédie en 5 actes.
Polyeucte, tragédie en 5 actes.
Tartufe (le), com. en 5 actes.
Zaïre, tragédie en 5 actes.

PUBLICATIONS DU MAGASIN THÉATRAL

FORMAT JÉSUS IN-18

L'ORESTIE, trag. ancienne, 3 act., par A. Dumas. 2 »
ROMULUS, comédie, 1 acte, par Alexand. Dumas. 1 »
LE BRAS NOIR, pantomime en vers . . . . 1 »
JANOT CHEZ LES SAUVAGES, 1 acte. . . » 60
MADAME BIJOU, 1 acte. . . . . » 60
LA COMÉDIE A FERNEY, 1 acte. . . . . 1 »
LA REINE DE LESBOS, drame, 1 acte. . . . 1 »
LA CONQUÊTE DE MA FEMME, coméd., 3 ac. 1 »
AU PRINTEMPS, fantaisie, 1 acte, en vers. . 1 »
MAUPRAT, drame 5 actes, George Sand . . . 1 50
FRANÇOIS LE CHAMPI, drame, 3 ac., G. Sand. 1 50
L'IMAGIER DE HARLEM, 5 actes, par Méry. . 1 »
LE FILS NATUREL, 5 actes, Al. Dumas fils. . 2 »
LES TROIS MAUPIN, 5 actes. . . . . . . 2 »
LE BONHEUR CHEZ SOI . . . . 1 »
LES DEMOISELLES DE SAINT-CYR. . . . 1 »
BROSKOVANO, opéra-comique, 2 actes. . . . 1 »
UN MARIAGE DANS UN CHAPEAU, bouff. 1 a. 1 »
LE TASSE A SORRENTE, 3 actes, A. Belloy . 1 50
LES MÉMOIRES DU DIABLE, 5 actes. . . . 1 »
LA FILLE DU RÉGIMENT, opéra-comique, 2 a. 1 »
LE CARNAVAL DES BLANCHISSEUSES. . . » 40
LES DEUX PAIRES DE BRETELLES. . . . » 60
LE MARIN DE CHERBOURG. . . . . . . » 60
ARSÈNE ET CAMILLE. . . . . » 60
RECETTE POUR MARIER SA FILLE. . . . » 60
LE DOUTE ET LA CROYANCE, drame, 1 acte. 1 50
MADAME LOVELACE, pièce en 3 actes. . . 1 »
UN PARI BISCORNU, vaudeville, 1 acte. . . » 60
LE JOUEUR DE FLUTE, comédie, 1 acte. . . 1 »
LA VIE EN ROSE, 5 actes. . . . . . . 1 »
FLAMINIO, coméd., 5 actes, George Sand. . . 1 50
LA JEUNESSE DES MOUSQUETAIRES. . . 2 »
JEAN LE COCHER. . . . . 1 »
CLAUDIE, 3 actes, George Sand. . . . . 1 »
UN CONSEIL D'AMIS, 1 acte. . . . . . 1 »
FLANEUSE, monologue. . . . . » 60
LE CORDONNIER DE CRÉCY, 5 actes. . . 1 »
UNE AVENTURE SOUS LOUIS XV. . . . — 60
UNE GIROFLÉE A CINQ FEUILLES. . . . — 60
LES TURLUTAINES DE FRANÇOISE . . . — 60
UN BRELAN DE TURCOS. . . . . . . — 60
LES TROIS CERFS-VOLANTS. . . . . . — 60

A LA MÊME LIBRAIRIE :

NOUVELLE GALERIE DES ARTISTES DRAMATIQUES VIVANTS.

Il paraît une Livraison chaque semaine.

PRIX DE CHAQUE LIVRAISON : 50 CENTIMES.

SONT EN VENTE :

Acteurs.	Auteurs des Notices.	Acteurs.	Auteurs des Notices.	Acteurs.	Auteurs des Notices.
1. Geoffroy	Lefranc.	28. Mlle Fernand	Salvador.	55. Mme Lauters	Georges Bell.
2. Aline	Lefranc.	29. Fréd.-Lemaître	Ed. Plouvier.	56. Paul Legrand	Th. de Banville.
3. Ravel	H. Rolle.	30. Bocage	Savin. Lapointe.	57. Mlle Brohan	Philox. Boyer.
4. Grassot	Lefranc.	31. Ferville	Merle.	58. Mlle Rosati	Philox. Boyer.
5. Boutin	Ed. Plouvier.	32. Provost	Max. de Revel.	59. Mlle Bérengère	G. Vaez.
6. Chilly	Arnould.	33. Beauvallet	Aug. Arnould.	60. George Weimer	Ed. Plouvier.
7. Hyacinthe Duflost	Coupart.	34. Mlle Boisgontier	Savin. Lapointe.	61. Rouvière	Ch. Baudelaire.
8. Sainville	Couailhac.	35. Mélingue	Ed. Plouvier.	62. Alboni	Georges Bell.
9. Mme Guyon	H. Rolle.	36 Mlle Déjazet	E. Guinot.	63. Petipa	Georges Bell.
10. Mocker	Albert Cler.	37. Serres	Paul de Kock.	64. Mme Cerrito	Philox. Boyer.
11. Mlle Thuillier	Théodore Anne.	38. Bressant	H. Monnier.	65. Numa	Philox. Boyer.
12. Ligier	H. Rolle.	39. Roger	Couailhac.	66. Mlle Judith	Th. de Banville.
13. H. Monnier	H. Monnier.	40. Lepeintre aîné	Salvador.	67. E. Pierron	Philox. Boyer.
14. Laurent	Ch. Desnoyers.	41. Samson	Max. de Revel.	68. Mlle Plessis	Philox. Boyer.
15. E.-A. Colbrun	Ext. du *Mousquetaire*.	42. Saint-Ernest	Aug. Luchet.	69. Mme Doche	Philox. Boyer.
16. Mlle Luther	Salvador.	43. Mlle Person	Georges Bell.	70. Mlle Alphonsine	Salvador.
17. Mme Arnault	Fr.-Lemaître fils.	44. Regnier	Philox. Boyer.	71. Mlle Fargueil	Philox. Boyer.
18. Arnal	Briffault.	45. Bouffé	Salvador.	72. Mlle C. Duprez	Georges Bell.
19. Mme Laurent	F. Dugué.	46. Laferrière	Georges Bell.	73. Mme Viardot	Georges Bell.
20. Lesueur	N. Fournier.	47. Mme Marie Cabel	Max. de Revel.	74. Mme Allat	Th. de Banville.
21. Clarisse Miroy	Mme A. Ségalas	48. Kim	Ed. Vierne.	75. Lassagne	Th. de Banville.
22. Levassor	Savin. Lapointe	49. Lafontaine	Philox. Boyer.	76. Dupuis	Philox. Boyer.
23 Tisserant	J. de Prémaray.	50. Mme Rose Chéri	Jules Adenis.	77. Geffroy	Georges Bell.
24. Francisque	Paul de Kock.	51. Rachel	Jules Janin.	78. Mlle I. Constant	A. Dumas.
25. Lebel	Salvador.	52. Mme Ugalde	Georges Bell.	79. Gueymard	Philox. Boyer.
26. Lucie Mabire	Philox. Boyer.	53. Mme Ristori	Ed. Plouvier.	80. Mlle Cruvelli	Philox. Boyer.
27. Fechter	Salvador.	54. Mme Stoltz	Ed. Plouvier.	81. Dumaine	Salvador.

OUVRAGES ILLUSTRÉS A 20 CENTIMES

ROMANS MODERNES, HISTOIRE, LITTÉRATURE ET VOYAGES

20 CENTIMES LA LIVRAISON, CONTENANT LA MATIÈRE D'UN VOLUME IN-8.

CERISETTE, par Paul de Kock ... 1 50
UNE GAILLARDE, par Paul de Kock ... 1 80
L'AMANT DE LA LUNE, par Paul de Kock ... 3 15
SANSCRAVATE, par Paul de Kock ... 1 30
LA FAMILLE GOGO, par Paul de Kock ... 1 50
CE MONSIEUR! par Paul de Kock ... 1 10
L'HOMME AUX TROIS CULOTTES, par Paul de Kock ... » 90
L'AMOUREUX TRANSI, par Paul de Kock ... 1 10
LA JOLIE FILLE DU FAUBOURG, par Paul de Kock ... 1 10
CAROTIN, par Paul de Kock ... 1 10
MON AMI PIFFARD, par Paul de Kock ... » 50
L'AMOUR QUI PASSE ET L'AMOUR QUI VIENT, par Paul de Kock ... » 70
LES MYSTÈRES DE PARIS, par Eugène Süe ... 3 75
LE JUIF ERRANT, par Eugène Süe ... 3 95
LA FAMILLE JOUFFROY, par Eugène Süe, 1 vol. ... 3 »
LES MISÈRES DES ENFANTS TROUVÉS, par Eugène Süe, 1 vol. ... 4 80
VOYAGE AUTOUR DU MONDE (Souvenirs d'un Aveugle), par Jacques Arago ... 2 95
ROME SOUTERRAINE, par Charles Didier ... 1 10
LES CRIMES CÉLÈBRES, par Alexandre Dumas, les 5 parties en un seul volume ... 3 95

Les mêmes par séries brochées séparément comme suit :

SHAKSPEARE (œuvres complètes), traduction nouvelle par Benjamin Laroche, 2 vol. illustrés de 225 grav. ... 11 55

A LA MÊME LIBRAIRIE

ALEXANDRE DUMAS

LA COMTESSE DE CHARNY, un beau volume in-8° à deux colonnes ... 4 65
EL SALTEADOR, un volume in-8° à deux colonnes ... » 70

Paris. — Imprimerie de Édouard Blot, rue Saint-Louis, 46, au Marais.

www.ingramcontent.com/pod-product-compliance
Lightning Source LLC
LaVergne TN
LVHW010332230826
846091LV00009B/3842

* 9 7 8 2 0 1 1 9 0 5 2 9 1 *